Mein Dank gilt den Zuhörern und Kritikern Nejla, Adrian, Anja und Jaron.

Mein besonderer Dank geht an Sabrina Trox. Ohne ihre Ideen und ihre Zeit wäre das Buch wahrscheinlich nie entstanden. Ich danke Dir für Deine Freundschaft.

Für Nejla

Daniel Niehues

Bärbels Abenteuer

2. Auflage
© 2020 Daniel Niehues
Umschlag, Illustration: Daniel Niehues
Lektorat, Korrektorat: Sabrina Trox

Verlag & Druck: tredition GmbH, Halenreie 40-44, 22359 Hamburg

ISBN
Paperback   978-3-347-16318-8
Hardcover   978-3-347-16319-5
e-Book   978-3-347-16320-1

Kapitel 1

„D u, Mama, kannst du uns bitte eine Geschichte erzählen?", fragte eine kleine Erdhummel ihre Mama. Da stimmten einige der Geschwister mit ein: „Oh ja, eine Geschichte." „Erzähl uns eine Geschichte." „Biiiitttttteeee..." Große Augen strahlten die Königin an. „Na gut, meine Kleinen", sagte sie, und alle Hummelkinder kuschelten sich bequem auf den Boden und schauten gebannt in ihre Richtung.

„Ich erzähle euch heute die Geschichte von Bärbel. Wie sie an sich und der Welt zweifelte und eine große Herausforderung überwinden musste. Die Geschichte wird euch zeigen, wie aus Angst Mut entstehen kann und wie sich aus Einsamkeit eine Freundschaft entwickeln kann. Die Geschichte begab sich im letzten Frühsommer...

Kapitel 2

E s war ein Montagmorgen, als Prinzessin Bärbel in ihrem Nest geschlüpft ist. Die Sonne
schien schon früh an diesem Tag in das alte
Mauseloch. Die ganze Hummelfamilie fand hier
Platz, obwohl es schon sehr viele Geschwister gab.
Ihre älteren Schwestern waren eher die Fleißigen in
der Familie und kümmerten sich um den Küchen-
dienst, also um das Nektarsammeln, damit alle etwas
zu Essen hatten. Die Familienkönigin, also ihre
Mama, hatte schon die ganze Welt gesehen und erzählte ihr immer tolle Geschichten.

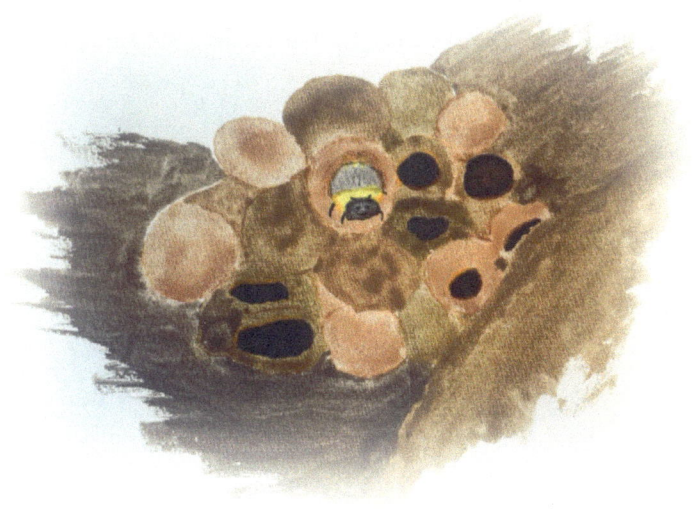

Besonders die Erzählung, wie sie bei der großen Gipfelparty ihren Papa kennengelernt hatte, mochte Bärbel wie keine andere Geschichte. Bärbel hat ihren Papa leider nie getroffen. Sie stellte sich manchmal vor, wie er wohl ausgesehen hat. An manch regnerischen Tagen, wenn der Regen eine kleine Pfütze in den Eingang des Mauselochs füllte, schaute sie sich ihr Spiegelbild auf der Wasseroberfläche an. Dann sah sie neben den Ähnlichkeiten zu ihrer Mama auch andere Gesichtszüge, die sie zum Teil auch von ihren Geschwistern kannte. Bärbel stellte sich dann vor, wie ihr Papa wohl aussah. Wie gerne hätte sie sich mal an sein Fell gekuschelt. Umso mehr genoss Bärbel die Nähe ihrer Mama. Sie ging gerne zu ihr, schmiegte sich unter ihren Flügel und wollte am liebsten nie mehr weg. Es war für sie einfach der sicherste Ort der Welt.

Kapitel 3

E ines Tages bat ihre Mutter sie zu sich. Bärbel hoffte, dass es keinen Ärger gäbe, weil Sie doch immer so einen großen Hunger hatte und so viel Honig aß, obwohl sie selbst gar nicht beim Sammeln mithalf.

Ihre Mama sah sie mit großen Augen an und sagte: „Bärbel, du bist jetzt schon alt genug. Die anderen Prinzessinnen sind schon losgezogen, entdecken die Welt und bereiten sich auf die Gipfelparty vor."

Bärbel wusste noch nicht genau, was Mama ihr sagen wollte, weil sie gedanklich immer noch beim Nektarsammeln war und antwortete: „Ist die Gipfelparty nicht erst in zwei Wochen?"

Ihre Mama wurde deutlicher: „Du möchtest doch sicherlich nicht als alte Hummel hier mit mir im Nest bleiben. Du musst los. Fliegen. Die Welt entdecken. Und lernen, dich selbst zu versorgen, damit du genug Kraft und Wissen hast, um dein eigenes Leben zu führen."

Jetzt wurde ihr klar, was Mama von ihr wollte und es trieb ihr sofort eine Träne ins Auge. „M-m-möchtest du mir etwa sagen, dass ich das Nest verlassen soll?", sagte sie und schluchzte. Ihr Kinn zitterte und ihr Magen drehte sich einmal um die eigene Achse. Ihre Mutter sah die Traurigkeit in Bärbels Blick und versuchte sie zu beruhigen: „Ooooch, meine kleine Bärbel, sei nicht traurig. Irgendwann ist es einfach an der Zeit loszuziehen und die Welt zu entdecken. Ich fände es viel zu schade, wenn du hier in dem alten Mauseloch bleibst und nicht dein eigenes Leben genießen möchtest. Ich möchte, dass es dir gut geht und du was vom Leben hast."

„Aber – aber, was mache ich denn, wenn ich das alles nicht hinbekomme. Wenn ich mein Leben doch eigentlich hier am besten genießen kann und – und – und…"

„Hey, meine Kleine", unterbrach die Königin sie. „Was das Richtige ist, wird dir dein Herz schon zeigen. Bisher hat das noch jeder geschafft. Und du weißt, wenn du dich nochmal satt essen möchtest oder ein sicheres Plätzchen zum Schlafen suchst, bist du hier immer herzlich willkommen. Denke dran, du hast auch einen Stachel. Wenn du wirklich einmal in Gefahr bist, kannst du dich im Notfall verteidigen. Das Leben ist schön, du wirst deinen Stachel nie benutzen müssen. Hab' keine Angst. Du schaffst das schon. Ich liebe dich, und morgen heißt es für dich ab nach draußen – Es wird Zeit!"

Mit mulmigem Gefühl im Magen, aber etwas Mut im Gepäck, schlurfte Bärbel zu ihrer Wabe Nummer 17 und versuchte den Kloß im Hals mit etwas Nektar runterzuspülen. So ging sie dann zu ihrem Schlafplätzchen. Ihr gingen so viele Fragen durch den Kopf, so viel Angst, dass sie es da draußen vielleicht nicht schaffen könne. Mit der einen oder anderen Träne im Auge, sank sie erschöpft in den Schlaf.

Kapitel 4

A m nächsten Tag machte sich Bärbel langsam auf den Weg. Bisher war sie immer nur bis zum Eingang gegangen. Sie blieb stehen, drehte sich einmal um und schaute zurück. Trauer und Angst machten sich in ihr breit.

Ihre Brüder rempelten sie unsanft zur Seite und starteten ihren morgendlichen Patrouillenflug. Bärbel rappelte sich auf und atmete tief durch und ging einen großen Schritt über die Schwelle.

Dann ging sie noch einen Schritt. Dann noch zwei. Und ehe sie sich versah, war sie schon ein ganzes Stück vom Nest entfernt.

Etwas hatte sie schon geschafft, und ihr war noch nichts Schlimmes passiert. Das ließ sie hoffen, dass sie es auch noch weiter hinbekommt. Erleichtert und von ein wenig Mut beflügelt, ging sie einfach weiter.

Kapitel 5

Bärbel ging langsam Schritt für Schritt weiter. Ab und zu flog einer ihrer Geschwister am Himmel über sie hinweg. Ihre Entfernung von Zuhause nahm immer mehr zu und es beschlich sie langsam das Gefühl, dass sie losfliegen müsse, um die Welt zu entdecken. Aber sie hatte Zweifel. Sie war ja schließlich noch nie geflogen. Außerdem fühlte sie sich gar nicht in der Lage zu fliegen. Der Nektar von gestern Abend lag noch schwer im Magen und schien sie mit aller Kraft auf den Boden zu ziehen.

Wenn sie es genau berechnete, war ein Fliegen in diesem dicken Pelzmantel auch irgendwie unmöglich. Wie sollte sie sich bewegen, geschweige denn mit dieser Last überhaupt abheben? Ihr war klar, dass sie das gar nicht erst probierte. Sie wollte einfach nicht bei ihrem ersten Vorhaben im eigenen Leben schon scheitern. Vielleicht wenn es etwas weniger heiß war, so in ein oder zwei Tagen, dann ginge es bestimmt. Wenn sie doch nur diesen Pelzmantel ablegen könnte. Es war Sommer, da würde sie den doch sowieso nicht vermissen, ging ihr durch den Kopf. Dann kam Bärbel der Gedanke, dass wenn sie fliegen würde, sie ja auch viel schneller, viel weiter weg von Zuhause wäre. Sie entschied sich, dass Laufen vollkommen okay sei und ging zu Fuß weiter.

Kapitel 6

L angsam zogen sich die Tage dahin. Bärbel wollte nicht zurückgehen, diese Blöße wollte sie sich nicht geben. Auch wenn sie ihr Zuhause, ihre Geschwister und ganz doll ihre Mama vermisste. Ab und zu hielt sie bei einer tiefhängenden Blume und trank etwas Nektar. Abends kroch sie unter ein Blatt und versuchte mit einer Träne im Auge einzuschlafen. Sie wollte ihre Mutter nicht enttäuschen und ging weiter. Ganz alleine.

Es waren nun schon drei Tage vergangen.

Sie empfand ihre Einsamkeit als sehr bedrückend, und in der Ferne zogen dunkle Wolken am Himmel auf, die genau zu ihrer Laune passten. Aber wenn sie sich jetzt irgendwo unterstellt, um nicht nass zu werden, konnte sie wenigstens nicht noch weiter von Zuhause weggehen.

In einiger Entfernung sah Bärbel einen Marienkäfer, der anscheinend viel Spaß hatte, ein Samenkorn vor sich her zu kicken.

Sie suchte sich ein großes Blatt einer Blume und stellte sich in dem Moment unter, als die ersten Tropfen neben dem Blatt auf den Boden prasselten.

In Gedanken verloren wurde sie plötzlich von einer freundlichen und warmen Stimme angesprochen:

„Was für ein Mistwetter! Ich glaube, wir sitzen hier erstmal fest. Ich bin Mats, und wie heißt du?"

Verwundert drehte sie sich zur Stimme um. Vor ihr stand der Marienkäfer, den sie vorhin aus der Entfernung gesehen hatte. Mit großen Augen schaute er sie an. „I-i-ich bin Bärbel", stammelte sie.

„Ich habe dich hier noch nie gesehen. Was führt dich hier hin? Eigentlich habe ich hier generell kaum jemanden gesehen. Ich glaube die letzten drei Tage gar niemanden. Außer einmal kurz den Regenwurm Klausi, aber der kommt immer nur an den feuchten Tagen raus. Gleich müsste er wieder aus seinem Loch kriechen, aber der ist echt ein stiller Zeitgenosse. Ich habe immer das Gefühl, bei ihm gegen eine Wand zu reden. Entschuldige, ich rede hier die ganze Zeit und lasse dich gar nicht zu Wort kommen." Bärbel holte Luft, um ihm zu antworten. Als sie gerade beginnen wollte von ihrem Weg hierher zu erzählen, begann Mats: „Tut mir leid, ich rede einfach zu viel. Ich glaube ich habe echt ein Problem damit. Ich fühle mich so einsam und ich habe doch so viel zu erzählen. Ich freue mich einfach immer, wenn ich mal jemanden treffe und bin dann vielleicht etwas übermütig. Aber ich bin jetzt ruhig." Er beendete den Satz mit einer Geste, als würde er sich mit einer Hand einen Reißverschluss vor dem Mund zuziehen und presste die Lippen fest aufeinander.

Bärbel war erleichtert zu hören, dass er jemanden zum Reden suchte. Und sie war auch froh von ihm zu hören, wie er sich fühlte. Sie war doch genauso allein. Diese Gemeinsamkeit zwischen ihnen ließ Mut in ihr aufsteigen. Sie begann zu erzählen, wie sie das Nest verlassen hatte und nun die Welt entdecken wollte. Mats klebte begeistert an ihren Lippen und genoss es mal eine andere Geschichte zu hören, als seine eigene. Er erkannte auch die Einsamkeit, das Vermissen und die Traurigkeit von sich bei ihr wieder. Jetzt alleine durchs Leben gehen zu müssen, war auch für ihn eine schwere Sache.

Da kam ihm eine Idee: „Du Bärbel, was hältst du davon, wenn wir etwas Zeit zusammen verbringen, noch etwas Reden. Ich würde mich freuen, wenn ich nicht sofort wieder alleine bin, wenn der Regen aufhört. Sonst soll der Regen bitte nie aufhören!"

Auch Bärbel war von der Idee begeistert, und so genossen die beiden noch die nächsten Stunden mit tollen Gesprächen über die Welt, die sie bisher entdeckt hatten, bis es aufgehört hatte zu regnen. Sie beschlossen zusammen ihren Hunger zu stillen. Während Bärbel natürlich Appetit auf Nektar hatte, stand Mats laut seinen Erzählungen wohl eher auf die kleinen Blattläuse. Sie gingen los, um sich eine Blume zu suchen. Mats breitete seine Flügel aus, flog los und schaute suchend nach einer Blume umher, die beiden gerecht werden würde. Erst nach ein paar Flugmetern stellte Mats fest, dass Bärbel gar nicht mitgeflogen ist. Er flog zurück und fragte: „Was ist los? Wollten wir nicht zusammen was essen?"

„Doch klar", antwortete Bärbel. „Aber ich kann nicht fliegen. Hummeln sind zu schwer zum Fliegen, deshalb laufe ich überall hin." Sie erhob ihren Kopf und stolzierte langsam weiter.

Grübelnd ging Mats neben ihr her. Er hatte doch schon fliegende Hummeln gesehen, ging ihm durch den Kopf. Warum hatte Bärbel ihm das gar nicht erzählt, dass sie nicht fliegt? Wahrscheinlich hatte sie Angst, und ihr war das peinlich.

Bärbel merkte genau, dass ihn ihre Aussage noch beschäftigte und hoffte, dass er sie nicht weiter darauf anspricht, da sie sich dabei so hilflos vorkam. Mats sagte jedoch nichts. Beide gingen einfach nur nebeneinander her auf der Suche nach der richtigen Blume.

Kapitel 7

Nach wenigen Metern entdeckten Sie eine niedrige Blume mit einer schönen Blüte und einigen Läusen am Stiel. Bärbel kletterte zuerst zur Blüte hinauf beugte sich hinein, streckte ihren Kopf tief in den Nektar und genoss die erfrischende Mahlzeit. Sie hatte wirklich Hunger gehabt und war sehr froh endlich was zu bekommen. Mats kroch den Stiel langsam herauf und aß auf dem Weg nach oben eine Laus nach der anderen.

Mit vollem Mund streckte Bärbel ihren Kopf aus der Blüte und sagte zu Mats: „Meime Mama hap imma vomme Gippelparty erpählt." Mats machte einen verkrampften Gesichtausdruck, als müsse er sich für irgendwas anstrengen. Aber da schluckte Bärbel auch schon den Nektar herunter und sie wiederholte den Satz, weil sie in seinem Gesicht gesehen hatte, dass er nichts verstanden hatte. „Meine Mama hat immer von der Gipfelparty der Hummeln erzählt, wo sie meinen Vater kennengelernt hat. Mein Ziel ist es, es unbedingt dorthin zu schaffen - vielleicht treffe ich da ja meinen Vater. Was hast du für ein Ziel?"

Mats grübelte, als hätte er noch nie über diese Frage nachgedacht.

Er schaute sich um, schaute an sich herunter und sagte: „Eigentlich gibt es nur eine Sache, die mich in meinem Leben stört. Ich hasse rot. Rot steht mir einfach nicht. Ich möchte kein rot. Aber meine Flügel sind rot. Schau sie dir doch mal an!" Mats zeigte auf seine Flügel. „Rot! Und dann auch noch so kräftiges Rot. Ich wäre so gerne schwarz-gelb, so wie du. Aber nein, ich habe so ein blödes Rot. Ich wäre viel lieber eine Hummel als ein Marienkäfer mit roten Flügeln und fünf Punkten." Bärbel fiel es schwer nicht zu lachen. Sie wollte ihn schließlich nicht verletzen. Sie versuchte ihn aufzumuntern und sagte: „Ich finde rot steht dir richtig gut. Rot ist doch eine schöne Farbe."

„Du bist auch eine Hummel und trägst bereits schwarz-gelb. Ist doch klar, dass du rot gut finden kannst. Du musst ja auch nicht immer damit herumlaufen. Ich mag lieber gelb oder ganz in schwarz!", konterte Mats, nahm seine Vorderbeine hoch und winkte ihr damit zu und deutete anschließend auf seine Flügel. „Halloho, es ist rohot, verstehst du?!", sagte Mats und holte tief Luft. „Ich meine, du bräuchtest dich nur trauen zu fliegen und du würdest überall hinfliegen können, aber ich bin mit dieser Farbe geboren worden und werde sie nie wieder los!", sagte Mats. Diese Worte schienen Bärbel verletzt zu haben. Sie steckte ihren Kopf wieder tief in die Blüte. Noch tiefer als zuvor und Mats glaubte, vorher kurz eine

Träne in ihrem Auge gesehen zu haben. Er bereute jetzt schon den letzten Satz gesagt zu haben.

Kapitel 8

Nach einigen Minuten des Stillschweigens ergriff Mats das Wort, um die Wogen zu glätten. „Und schmeckt es dir, Bärbel?" Bärbel schwieg und aß weiter. „Tut mir leid, was ich gesagt habe. Ich glaube, dass es dir unglaublich schwerfällt, dich zu trauen zu fliegen. Aber stell dir mal vor, es wäre gar nicht so schwer wie du denkst, und du vergeudest deine ganze Zeit mit Krabbeln und dabei bräuchtest du nur etwas Mut. Wenn du möchtest, können wir das gerne zusammen üben. Ich würde mich freuen, dir dabei zu helfen. Na was hältst du davon?" Mats schaute mit großen Augen in ihre Richtung. Einige Blattläuse nutzten die Chance und krabbelten schnell an ihm vorbei. Bärbel streckte langsam ihren Kopf aus der Blüte und sagte nur kurz, fast gleichgültig: „Klar, können wir demnächst mal machen". Mats war ganz verdutzt. Damit hatte er nicht gerechnet. Motiviert wollte er am liebsten direkt starten und sagte zu ihr: „Wir könnten gleich hier anfangen bei dem Blatt dort."

Jetzt schaute Bärbel mit großen Augen aus der Blüte hervor. „Ich dachte ich hätte noch etwas Zeit. Ich meine die Gipfelparty ist in 10 Tagen, da muss ich doch noch nicht direkt heute fliegen. Erst in 10 Tagen muss ich zur Party hochfliegen. Erst in 10 Tagen! Darauf bin ich jetzt doch gar nicht vorbereitet. Wie stellst du dir das vor, dass ich jetzt einfach meine Flügel ausbreite und losfliege? So einfach geht das nicht. Ich habe gerade gegessen. Es gibt bestimmt ein Sprichwort: Mit vollem Bauch fliegt man nicht. Weil man dann zu schwer ist und gar nicht erst hochkommt oder schneller abstürzt oder so. Und überhaupt, ich bin bestimmt sowieso viel zu schwer! Und wie lande ich denn wieder? Wie lenke ich? Muss ich das nicht vorher genau wissen, üben und trainieren ohne gleich zu fliegen?", fragte sie Mats fast panisch.

„Das ist nicht so schwer wie du denkst. Wenn du deine Flügel schlägst, klappt das von alleine. Die ersten Landungen werden vielleicht holperig, aber du landest. Und lenken klappt auch ganz einfach. Du stellst dir einfach genau vor, wo du hinmöchtest und deine Flügel machen das schon für dich. Und glaub mir - wenn man gegessen hat, fliegt es sich genauso, weil es total egal ist, wie schwer man ist. Du hast doch bestimmt schon Vögel gesehen, die am Himmel geflogen sind und glaube mir, die waren ganz sicher schwerer als du", sagte Mats.

Bärbel kroch langsam und vorsichtig zu ihm herunter.

Mats zeigte auf ein Blumenblatt, das nur wenige Zentimeter über dem Boden ragte. „Das Blatt da vorne ist ideal zum üben. Komm mit", sagte er und kroch langsam herunter. Mit mulmigem Gefühl und einem Herzschlag der ihren ganzen Körper erschütterte, ging sie hinterher.

Mats öffnete seine Flügel und hob ein Stück ab. „Stell dich vorne an die Blattkante. Beweg mal einen Flügel", rief Mats ihr zu. Bärbel taste sich langsam an die Blattkante heran, bewegte einmal den rechten und den linken Flügen und schloss die Augen. Mit viel Mut ging sie nach vorne über die Blattkante. Mats konnte seinen Augen nicht trauen. Bärbel ist einfach über die Blattkante gelaufen und unsanft auf den Boden geschlagen. Sie schien wie erstarrt zu sein und hatte nicht ein einziges Mal ihre Flügel genutzt. Mats flog direkt zu ihr und half ihr wieder auf die Beine, da sie hilflos auf der Seite lag und mit den Beinen in der Luft tastend Halt suchte. Etwas verwirrt fragte sie schmerzverzehrt: „Und wie war ich? Habe irgendwie den Halt verloren."

„Du warst richtig mutig, allerdings hast du wohl vergessen zum Fliegen deine Flügel zu nutzen und hast sie nicht einmal geschlagen", antwortete Mats. „Du musst sie mit aller Kraft hin und her bewegen, dann hebst du ab."

„Für heute reicht mir das erstmal. Ich wusste nicht, dass Fliegen so schmerzhaft sein kann", sagte Bärbel und machte sich nun humpelnd auf den Weg. Mats landete neben ihr und so gingen sie für eine ganze Weile schweigend nebeneinander her.

Kapitel 9

Bärbel verbrachte die Nacht wieder unter einem Blatt so wie die Nächte zuvor. Doch diesmal kam sie sich nicht so einsam und verlassen vor. Diesmal war Mats bei ihr und sie fühlte sich sicherer, weil sie einen Freund bei sich hatte. Als sie langsam die Augen öffnete stand Mats mit weit aufgerissenen Augen tänzelnd vor ihr und sagte: „Guten Morgen, mein Butterblümchen. Ich hoffe, du hast gut geschlafen und deine Beine sind wieder okay. Ich habe eine tolle Idee, wie wir heute den nächsten Flugversuch unternehmen können. Wir üben soooo lange, bis wir es hinbekommen. Außerdem möchtest du doch wohl nicht zur Gipfelparty humpeln, sondern fliegen."

Diese gute Laune am frühen Morgen überwältigte Bärbel. Sie hatte gerade erst die Augen im Halbschlaf geöffnet und dann kam ihr so ein Redeschwall entgegen. Sie brauchte erstmal einen Schluck Nektar, um wach zu werden. Sie hörte Mats hinter sich. Er wiederholte sich immer wieder. Er schien wirklich motiviert zu sein. Erst als sie einige Schluck Nektar getrunken hatte, drehte sie sich zu ihm um, atmete tief durch und sagte: „So und nun kannst du mir erzählen, was du genau im Sinn hast."

Mats hatte die Vorstellung, dass sie etwas höher kriechen würde, damit sie genug Zeit hat, ihre Flügel zu nutzen. Sicherheitshalber wäre es gut, wenn unter ihr Moos wäre, damit sie notfalls weich fallen würde und nicht wieder humpeln müsse. Mats schien einen genauen Plan zu haben, dachte sich Bärbel und war froh so einen Freund zu haben, der sich um sie sorgt.

Zweifelnd sah sie Mats an und sagte zu ihm: „Ähhhm, meinst du nicht wir sollten noch zwei oder drei Tage warten. Ich meine, heute ist ja auch so ein heißer Tag. Vielleicht könnte ich auch noch zum Friseur gehen, der könnte mein Fell noch etwas stutzen, dann bin ich windschnittiger." Während Bärbel ihn mitleidig ansah, versuchte er sie zu motivieren: „Ich glaube wir schaffen das, mein Butterblümchen. Und nicht erst in zwei oder drei Tagen. Ich glaube, wir schaffen das heute!"

Bärbel runzelte ihre Stirn, wusste nicht wie sie seiner Motivation entweichen konnte und erwiderte geschlagen: „Okay, du scheinst dir wirklich viele Gedanke gemacht zu haben. Dann schau doch einmal nach, ob wir hier in der Nähe so eine Stelle haben, die du als richtig empfindest." Er hob direkt ab und flog den Umkreis ab. Ihr fiel es schwer Mats so zu vertrauen. Seine fixe Idee hatte gestern ja auch nicht einfach so funktioniert. Aber irgendwie war ihr das alles auch gleichgültig geworden. Wie könnte es jetzt noch schlimmer werden? Eine Hummel, die nicht fliegen konnte und jetzt auch noch humpelte. Damit konnte sie auf keinen Fall zur Gipfelparty. Vielleicht hilft es ja wirklich, die Hilfe von anderen in Anspruch zu nehmen. Und wenn Mats sich schon solche Gedanken gemacht hat, vielleicht bringt es ja was.

Mats kam freudestrahlend wieder und rief schon von weitem: „Ich habe den perfekten Platz gefunden. Nur ein paar Meter in diese Richtung." Mit diesen Worten landete er neben ihr und sie gingen langsam in die Richtung, woher Mats geflogen kam.

Kapitel 10

A n einer Moosfläche angekommen, schauten sie an einem Busch hoch und Mats zeigte auf einen Zweig, der direkt über der Mitte des Mooses endete und einen guten halben Meter über dem Boden baumelte. Die beiden standen unten am Fuße des Buschs, und Mats stellte sich Bärbel gegenüber. Er holte tief Luft und schaute Bärbel konzentriert an. „Also, Bärbel, ich glaube, dass wir letztes Mal zu wenig Trockenübungen mit den Flügeln gemacht haben. Wir probieren jetzt erst, dass du kurz in der Luft bleiben kannst. Hebe bitte als erstes deinen rechten Flügel", sagte Mats und hob seinen rechten Flügel so hoch er konnte. Bärbel wusste noch nicht, wohin das führen sollte und ob sie überhaupt jemals bereit war zu fliegen. Aber sie hatte jetzt auch keine Lust mit ihm zu diskutieren. Es war einfacher zu zeigen, dass es keinen Sinn mit ihr hatte. Sie hob ihren rechten Flügel halbherzig hoch. Mats versuchte sie zu motivieren: „Komm schon, Butterblümchen – Hoch den Flügel!"

Bärbel musste innerlich grinsen, wollte es nicht zeigen und verschleierte es mit einem übertriebenen Grinsen, das so aussah, als würde sie sich über ihn lustig machen. Sie hob den Flügel so hoch es ging und winkte ihm damit zu. „Gut so, jetzt den anderen!", sagte Mats und hob den anderen genauso hoch wie den ersten. Bärbel hatte keine Lust auf eine Diskussion, falls sie den Flügel wieder nicht hoch genug nahm. Deshalb nahm sie den Flügel direkt so hoch es ging und winkte ihm damit wieder zu. Mats nickte ihr zufrieden zu. Bärbel konnte sich ein Grinsen diesmal nicht verkneifen.

„Und jetzt versuchst du mit beiden Flügeln nach oben und unten zu flattern." Mats machte es vor. Er schlug die Flügel und hob langsam vom Boden ab, schwebte kurz und setzte sich dann wieder auf dem Boden ab. Bärbel schlug die Flügel langsam auf und ab. Nichts tat sich. Mats konnte sich nicht auf seinem

Platz halten und rief: „Schneller! Schneller! Richtig fest, los mein Butterblümchen! Schneller!"

Bärbel schlug so schnell sie konnte mit den Flügeln, während sie das genervte Grinsen auf den Lippen trug. Sie hob ab. Sie riss ihre Augen weit auf und aus ihrem Grinsen wurde ein ungläubiges Staunen. Sie konnte es nicht fassen. Sie war in der Luft. Wie war das möglich? Total abgelenkt von ihrem Gedankenchaos, welches sich in ihrem Kopf breitmachte, vergaß sie mit ihren Flügeln weiter zu schlagen. Und während Mats jubelnd und hüpfend vor ihr stand, fiel Bärbel mit einem verwirrten Blick ins Moos, wie in ein weiches Bett. Sie sprang sofort auf ihre Beine und tänzelte wie auf einem heißen Untergrund um Mats herum. „Ich kann fliegen! Hast du das gesehen? Ich! Ich kann fliegen!!! Hummeln können wirklich fliegen! Ich kann wirklich fliegen!"

Bärbel blieb aus dem Nichts plötzlich stehen, schaute sich zu Mats um, rannte auf ihn zu und umarmte ihn so sehr, dass sie ein Stück zusammen Arm in Arm über das Moos kullerten. Mats war total überrascht über diese Umarmung und erleichtert, dass sie es als Erfolg sah. Durch ihren Sturz war er sich nicht sicher, ob sie so denken würde.

„Ab nach oben auf den Ast!", rief Mats aus, obwohl er etwas Angst im Bauch hatte, weil er nicht wusste, ob sie schon bereit dazu war.

Bärbel kletterte beschwingt den Strauch nach oben. Mit erhobenem Kopf stellte sie sich auf die Blattspitze breitete die Flügel aus und wollte gerade losfliegen. Da rief Mats ihr zu: „Warte noch. Da kommt jetzt gleich eine Windböe, dann ist es noch einfacher." Bärbel wartete kurz und merkte wie eine Windböe ihr Fell und ihre Flügel in Bewegung setzte. Sie schlug die Flügel und in der Tat es war eigentlich ganz einfach. Sie hob ab und in ihrem Kopf sagte sie sich jetzt permanent: *Flügelschlagen nicht vergessen. Flügelschlagen nicht vergessen.*

Sie flog. Sie konnte wirklich fliegen.

Sie blickte mit großen Augen umher. Sie sah, wie tief es war. Wenn Sie jetzt vergessen würde mit den Flügeln zu schlagen, würde sie wirklich lange humpeln. Sie konzentrierte sich, nicht die Fassung zu verlieren. Eine Panikattacke konnte sie jetzt wirklich nicht gebrauchen. Also: Flügelschlagen nicht vergessen! Wie ging das denn jetzt nochmal mit dem Lenken? Ihr fiel es nicht mehr ein. Und noch schlimmer – wie sollte sie landen? Ihre Gedanken überschlugen sich. Sie rief so laut sie konnte: „Maaaaats! Ich fliege! Aber wie lande ich noch mal und wie lenke ich? Schnell! Ich weiß nicht, wie lange ich es noch schaffe."

Mats flog neben ihr und versuchte mit der ruhigsten und sanftesten Stimme, die er hatte, zu ihr zu sprechen: „Atme tief durch. Alles ist gut. Du fliegst. Ich bin so stolz auf dich."

Sie unterbrach ihn: „Jetzt erzähl nicht um den heißen Nektar. Wie lande ich, zur Spinne noch eins."

„Landen kannst du durch drei wichtige Schritte: Erstens: Ruhe bewahren. Je mehr Ruhe du hast, desto sanfter wird die Landung. Zweitens: Verlagere dein Gewicht leicht nach vorne, dadurch fliegst du tiefer. Und drittens kurz vor der Landung legst Du dein Gewicht nach hinten, um mit deinen Hinterbeinen als erstes aufzusetzen. Dadurch ist es immer eine sanftere Landung. Probiere es mal. Also nochmal tief durchatmen." Bärbel atmete tief durch und schloss dabei kurz die Augen. „Jetzt Gewicht nach vorne legen, in die Richtung in die du möchtest." Sie legte ihr Gewicht nach vorne und flog schneller, aber nach unten in die Richtung die sie anpeilte. „Und jetzt kurz vor deinem Landeplatz Kopf hoch und Hüfte nach vorne." Bärbel versuchte es genauso umzusetzen und wurde schlagartig langsamer und schwebte fast auf der Stelle. „Jetzt einfach nur noch langsamer mit den Flügeln schlagen", rief ihr Mats noch einmal zu, der ihr langsam hinterher geflogen ist. Bärbel setzte langsam auf und man konnte wirklich sehen, wie erleichtert sie war, wieder festen Boden unter den Füßen zu spüren. Dann wurde ihr klar, dass sie wirklich und wahrhaftig geflogen ist. Ein echtes Grinsen breitete sich in ihrem Gesicht aus. Dieses Grinsen sollte für den Rest des Tages in ihrem Gesicht bleiben. Mats sagte zu Bärbel: „Mein Butterblümchen, das war der Hammer! Du hast es geschafft deine Angst mit viel Mut zu überwinden. Und in deinem Gesicht sehe ich, wie sehr es dich glücklich macht, dass du das geschafft hast. Ich bin so stolz auf dich. Du bist ein echtes Naturtalent."

Bärbel war wirklich stolz auf sich und genoss den Augenblick. Sie blickte Mats in die Augen und sagte nur kurz: „Nochmal!" und wollte wieder den Strauch hochklettern. Dann sagte Mats zu ihr: „Du könntest auch einfach hochfliegen, oder?"

Bärbel überlegte kurz und merkte, dass er vollkommen recht hatte und hob ab. „Maaaats, wie lenke ich denn jetzt?", fragte sie ihn.

Mats hob ab und flog neben ihr. „Versuche mal dein Gleichgewicht nach rechts und links zu legen." Bärbel probierte es und war sofort begeistert, wie einfach das eigentlich ging. Total euphorisch wollte sie ab jetzt am liebsten nur noch fliegen.

Sie flogen fast den ganzen Tag und machten nur eine kurze Essenspause an einer höher gelegenen Blume, die noch viel saftiger war, als die kurz über dem Boden. Zum Abend suchten sie sich ein Blatt unter dem sie übernachten wollten.

Vor dem Einschlafen konnte Bärbel ihr Grinsen immer noch nicht loswerden und schaute zu Mats rüber, der erschöpft die Augen schloss. Bärbel sagte mit Freudentränen in den Augen: „Danke, Mats. Danke, dass du an mich geglaubt hast." Mats nuschelte schlaftrunken: „Gerne. Schlaf gut, mein Butterblümchen."

Kapitel 11

Ab diesem Tag flogen die beiden immer zusammen durch die Gegend und gingen gar nicht mehr. Bärbel war immer noch so beschwingt, dass es für sie jeden Tag wieder ein Wunder war, dass sie fliegen konnte und genoss den Wind. Ihr fiel es immer leichter Windböen auszunutzen, ließ sich treiben und spielte mit den Aufwinden. Mats war auch gut gelaunt. Irgendwie ging es ihm immer gut, wenn es Bärbel gut ging.

Eines Morgens wachte Bärbel auf, riss sofort die Augen weit auf und weckte Mats wild schüttelnd. „Mats, ich habe eine Idee. Du möchtest doch am liebsten eine Hummel sein. Es gibt für uns Hummeln keinen wichtigeren Tag als die Hummel-Gipfelparty nächste Woche. Da kommen Hummeln aus der ganzen Gegend hin. Da könntest du doch einfach mit hinkommen. Vielleicht fühlst Du dich dann auch etwas mehr wie eine Hummel. Was hältst du davon?", fragte Bärbel mit großen Augen.

Mats wusste nicht, was er davon halten sollte. Er war ein Marienkäfer. Unter lauter Hummeln – da würde er sich doch noch mehr als Außenseiter vorkommen. Irgendwie musste er doch damit klarkommen, dass er keine Hummel war und diese roten Flügel nie los werden würde. „Bärbel, das ist eine total liebe Idee von dir, aber das ist doch nichts für mich. Ich passe nicht dazu. Ich bin keine Hummel und ich bin schwarz-rot! Das ist nur was für schwarz-gelbe. Aber du hast recht, ich wäre so gerne ein Teil davon aber so kann ich nicht mitkommen. Tut mir leid. Das fühlt sich falsch an. Tut mir leid.", sagte Mats und ließ den Kopf hängen.

„Mats, ich hätte dich gerne dabei. Aber ich verstehe, dass du dich dann vielleicht als Außenseiter fühlst. Tut mir leid, das habe ich nicht richtig überlegt", gab sie wehmütig zurück und ließ auch den Kopf hängen.

Es verging fast der halbe Tag im Schweigen, bis Bärbel den Entschluss fasste, Mats aufzuheitern und die Situation irgendwie wieder zu retten.

Plötzlich wie aus dem Nichts sprang sie auf und rief ihm zu: „Lass uns über die Stränge schlagen und etwas Schönes zu Essen suchen. Lass uns durch die Gegend fliegen oder gehen, wie in alten Zeiten." Bärbel lachte laut. Mats konnte ein Grinsen nicht unterdrücken. „Okay - los geht's.", sagte Mats, und sie hoben ab.

Kapitel 12

In der Weite sahen sie ein großes Wildblumen-feld mit riesigen Sonnenblumen, Mohnblumen und vielen weiteren Blumensorten. Wie auf einem Spielplatz rasten Bärbel und Mats von Blume zu Blume. Sie konnten von den bunten Farben und dem tollen frischen Duft, der in der Luft lag, nicht genug bekommen. Auch waren für Mats Läuse an vielen Blumen zu finden. Bärbel wollte Mats auf andere Gedanken bringen und versuchte sich von ihrer besonders verrückten Seite zu zeigen. Sie drehte zum Beispiel viele Runden um eine Blume und tat so, als sei ihr schwindelig und ließ sich rückwärts in die Blüte fallen. Um zu sehen, wie Mats darauf reagierte, streckte Bärbel anschließend immer ihren Kopf aus der Blüte. Teilweise war ihr ganzer Kopf voll mit Blütenstaub und sie musste sich erstmal schütteln. Bei der nächsten Blume, einer riesigen Sonnenblume, kullerte Bärbel einmal im Blütenrand im Kreis herum.

Mats fand den Anblick zum Totlachen lustig. Er wollte mitmachen und flog auch auf die Blüte. Bärbel nahm einen Schwung Blütenstaub und nebelte Mats erstmal richtig ein, so dass er kräftig niesen musste und dabei kurz abhob.

Beide lachten sich richtig kringelig. Bärbel steckte ihren Kopf tief in die Blume und nahm einen kräftigen Schluck Nektar. Dann richtete sie ihren Blick auf Mats und prustete Nektar auf ihn. Er war platschnass und sah kurz bedröppelt aus. Plötzlich konnte Mats sein Lachen nicht mehr halten. Beide bekamen sich gar nicht mehr ein. Sie hielten ihre Bäuche und kugelten sich vor Lachen auf der Sonnenblume.

Erst als sie langsam zur Ruhe kamen, stellte Bärbel etwas Unfassbares fest. Mats sah ganz anders aus. Er schaute wie ein gelb-orangener Käfer aus. Der Nektar hatte Pollen an die äußeren Flügel von Mats geklebt.

Bärbel wurde schlagartig ruhig und konnte es nicht fassen. Ihr kam die perfekte Idee, um Mats zu helfen. „Mats, du wirst es nicht glauben, aber ich weiß jetzt, wie wir dich zur Gipfelparty bekommen." „Bärbel, bitte, wir hatten gerade so gute Laune", sagte Mats direkt wieder etwas traurig.

„Aber ich habe die Lösung! Wir verkleiden dich als Hummel, indem wir dich anstreichen. Durch den Nektar kleben auf deinen äußeren Flügeln die Pollen an dir fest. Wir könnten dich in einem Hummelmuster streichen. Da können wir dein ganzes Rot überstreichen. Was hältst Du davon?" Mats Augen leuchteten: „Das wäre fantastisch. Endlich kein rot mehr. Und dann auch noch bei der Party dabei sein. Ich würde mich wahnsinnig freuen." Mats war außer sich vor Freude. „Vielen Dank, mein Butterblümchen", sagte er und seine Augen füllten sich mit Freudentränen.

In dieser Nacht konnte Mats so gut schlafen, wie schon lange nicht mehr und sowohl Bärbel als auch Mats bekamen das zufriedene Grinsen nicht aus dem Gesicht. Nur noch wenige Tage und dann gab es die große Hummel-Gipfelparty.

Kapitel 13

D ie Tage vergingen im Flug. Mats fragte Bärbel ganz aufgeregt über die Gipfelparty aus. Bärbel wusste eigentlich auch nicht viel darüber. Sie wusste nur, dass die männlichen Hummeln schon sehr früh vor Ort sind und sich die höchsten Stellen im Umkreis suchten, um den besten Überblick über alle anwesenden Hummeln zu haben. Die Prinzessinnen fliegen eigentlich immer nur an dieser Stelle entlang und werden von den Männern zum Tanzen aufgefordert. So hatten sich auf jeden Fall ihre Eltern kennengelernt. Mats überlegt, ob er lieber mit den Prinzessinnen fliegen sollte oder ob er sich unter die männlichen Hummeln mischen sollte. Er entschloss sich einfach mit zu fliegen. Zu den ganzen Männern auf den Gipfel traute er sich dann doch nicht.

Der Tag der Gipfelparty war gekommen und Bärbel schminkte Mats. So wie sie es verabredet hatten, sprühte sie ihn erst mit Nektar ein. Dann nahm sie einen kleinen Moosbüschel und puderte langsam und vorsichtig Blütenstaub über seine Außenflügel, bis nichts Rotes mehr zu sehen war. Sie schaute immer wieder an sich herunter, damit die Reihenfolge der Farben die richtige war.

Beide waren so froh, dass es heute nicht regnete, sonst hätten sie echt ein Problem gehabt. Bärbel flog immer der Nase nach, und Mats flog in schwarz-gelb gehüllt langsam hinterher. Sein Herz pochte. Beide waren aufgeregt.

Bärbels Nase sagte ihr, dass sie der Party immer näherkamen. Das Hummelsummen wurde immer lauter. Sie rief Mats zu sich. Nun flogen beide nebeneinander um den einen großen Baum, auf dessen Krone reges Treiben war. Die männlichen Hummeln tummelten sich in der Baumkrone und sicherten sich wohl die beliebtesten Plätze ganz oben. Bärbel und Mats flogen einfach drumherum und drehten ihre Kreise. Ab und zu sahen sie, wie eine Hummel von der Krone hinaus zu einer Prinzessin flog und um den nächsten Tanz bat.

Plötzlich hört Mats neben sich eine verschnupfte Stimme zu ihm sagen: „Hallo schöne Frau, ich bin fasziniert von ihrem Aussehen. Sie sehen so anders aus. Ich bin zwar etwas erkältet, aber ich würde mich freuen, wenn wir eine Runde durch die Lüfte tanzen." Mats riss die Augen auf. Hatte ihn diese Hummel wirklich für eine Jungkönigin gehalten? Das konnte doch nicht sein. Total geschockt wollte er erst in tiefer Stimme antworten: „Oh ja, das wäre schön." Das wäre bestimmt lustig gewesen, aber er war viel zu verwirrt, so dass er kein Wort herausbrachte. Schnell flog er auf Bärbels andere Seite, um der verschnupften Hummel aus dem Weg zu fliegen.

Bärbel hielt die ganze Zeit Ausschau, ob sie vielleicht ihren Vater erkennen würde. Sie wusste zwar nicht, wie er wirklich aussah, aber sie reimte sich zusammen wie er aussehen müsste. Sie machte nun schon die siebte Runde, aber zu sehen war er nicht.

Da kam eine Hummel auf Bärbel zu geflogen. Diese Hummel sah wirklich gut aus und stellte sich Bärbel wie ein Gentleman vor: „Guten Tag, junge Königin. Mein Name ist Friedrich und ich muss Ihnen als erstes ein Kompliment für Ihr Aussehen und Ihren tollen Flugstil machen. Ich würde mich freuen, wenn Sie ein Stückchen mit mir fliegen, damit wir uns besser kennenlernen können. Vielleicht tanzen wir gleich auch ein bisschen. Was halten Sie davon?"

Bärbel hüpfte das Herz. Sie schaute mit großen Augen zu Mats herüber, der die nette Ansprache der Hummel mitbekommen hatte. Mats winkte ihr zu, zu gehen und rief: „Geh schon, ich drehe mal noch ein paar Runden. Das ist super cool hier. Ich bin eine Hummel!"

Bärbel hakte sich bei Friedrich ein und sie flogen weiter.

Die beiden flogen einfach um den Baum.

Nach zwei Runden entdeckte Bärbel eine große Wolke am Himmel, die wie eine Hummel aussah. Bärbel schaute genauer hin. Irgendwie kam ihr die Hummelwolke am Himmel bekannt vor. Sie erinnerte sie nicht an ihre Mama, sondern an ihre Geschwister. Dann kam sie drauf. Es war ihr Papa. Sie hatte ihren Papa gefunden. Sie flog direkt in Richtung Wolke nach oben. Friedrich flog sofort nach und rief: „Hey, warte! Wo willst du hin?"

„Ich will zu meinem Papa. Da oben ist er", rief Bärbel zurück.

„Aber du kannst nicht so hoch fliegen. Warte bitte", rief ihr Friedrich zu und blieb in der Luft schwebend stehen. „Haaaalt!"

Bärbel blieb stehen und blickte zurück. „Was?"

„Es ist uns nicht möglich zu den Wolken zu fliegen. Wir werden das Bewusstsein verlieren und abstürzen."

„Aber, aber wie soll ich denn dann zu meinem Papa fliegen?", fragte Bärbel mit Tränen in den Augen.

Friedrich versuchte sie zu beruhigen und sagte: „Darf ich dir eine Geschichte erzählen, die meine Mama immer erzählt hat, als ich klein war?"

Bärbel nickte nur kurz. „Sie sagte, dass alte Hummeln als Wolke am Himmel erscheinen. Sie schauen immer von dort herunter und helfen uns den richtigen Weg zu finden. Manchmal, wenn ich mich einsam fühle, rede ich mit den Wolken. Das hilft mir. Dann fühle ich mich nicht mehr so einsam."

Bärbel sah nun hoffnungsvoller aus und den Gedanken, dass ihr Vater von oben immer zuschaut, immer für sie da ist, empfand sie als sehr beruhigend. Sie schaute nochmal nach oben zur Wolke. Kurz hatte sie das Gefühl, dass die große Wolke ihr zu zwinkerte bevor sie sich langsam in eine andere Form wandelte. Bärbel war glücklich und flog mit Friedrich wieder zurück zum Baum und genoss eine tröstende Umarmung von ihm.

Erst als es Abend wurde, trafen sich Mats und Bärbel wieder unter ihrem Lieblingsblatt. Mats erzählte Bärbel, dass die verschnupfte Hummel noch zweimal ankam, um ihn zum Tanzen aufzufordern. Mats lachte dabei und hielt sich seinen Bauch, so lustig fand er die Situation.

Bärbel träumte vor sich hin, sie schien völlig hin und weg zu sein. Total verliebt. Als Mats das merkte, ging er zu ihr und winkte mit seinem Vorderbein vor ihren verträumten Augen. Sie ließ sich nicht beirren und träumte weiter. Sie sagte nur: „Das war die beste Party meines Lebens."

Es war für alle ein richtig spannender Tag, den sie nie im Leben vergessen werden. Und wenn sie sich einmal einsam fühlen würde, wüsste sie auch, dass ihr Papa zuschaut und sie eigentlich gar nicht alleine ist.

Kapitel 14

So war das, meine lieben Kinder. So habe ich euren Papa Friedrich kennengelernt. Also an alle die mal Angst haben. Mit Mut schafft ihr es vielleicht am Ende stolz auf Euch zu sein. Und vielleicht schafft ihr etwas nicht beim ersten Mal, aber beim zweiten Versuch sieht das schon ganz anders aus. Aber das allerwichtigste ist Freundschaft. Ohne Mats hätte ich es damals nicht geschafft, mich meiner Angst zu stellen. Ihr fragt euch sicherlich jetzt alle, was aus Mats geworden ist. Wir treffen uns noch regelmäßig. Nächste Woche kommt er hier wieder vorbei und erzählt euch bestimmt die Geschichte, wie er als Hummel bei der Gipfelparty mitgeflogen ist. Er hat schon jedem diese Geschichte erzählt und vielleicht sogar dem schweigsamen Regenwurm Klausi. So nun aber ab ins Bettchen. Schlaft gut."

Bastelanleitung für Bärbel und Mats

Was ihr braucht:

- 2 Kieselsteine
- 4 Kulleraugen
- 1 Pinsel
- Acrylfarben: Schwarz, gelb und rot
- Malunterlage

Bastelanleitung:

1. Steine waschen und trocknen lassen.
2. Legt die Steine auf die Malunterlage und stellt Euch vor, wie die Farben bei Bärbel (schwarz und gelb) und Mats (schwarz und rot) verteilt sind. Versucht mit dem Pinsel die Farben so wie Ihr es Euch vorstellt zu bemalen. Anschlie-ßend lasst Ihr die Farben trocknen.
3. Klebt die Kulleraugen da auf den Stein, wo die Augen sein sollen.

Kleine Hinweise aus der Natur:

- Die Gipfelparty der Hummeln existiert wirklich und nennt man bei den Hummeln auch Gipfelbalz oder Hilltopping.
- Hummeln können stechen. Allerdings sind nur die Arbeiterinnen nach vorhergehender Drohgeste in der Lage damit zu stechen. Der Stachel hat keinen Widerhaken und bleibt nicht im Opfer stecken.
- Männliche Hummeln nennt man Drohnen. Die weiblichen Hummeln sind entweder Arbeiterinnen oder Jungköniginnen.
- Drohnen und die Arbeiterinnen sind etwas kleiner als die Jungköniginnen.
- Die Königin überwintert mit den Eiern. Die ersten Hummelkinder werden im Frühjahr geboren und sind ausschließlich Arbeiterinnen. Ab Juli werden die Jungköniginnen und Drohnen geboren.
- Die Drohnen fliegen jeden Morgen von ihrem Nest und erkunden die Gegend und verteilen ihre Pheromone.
- Nach der Paarung im August suchen sich die Jungköniginnen ein eigenes Nest und überwintern dort. Drohnen und Arbeiterinnen leben nur wenige Wochen.

Zum Autor

Daniel Niehues wurde 1978 in Dortmund geboren und hat 2003 seine Heilpraktikerpraxis für Osteopathie und Dorn-Therapie in Kamen eröffnet.

2009 wurde seine Tochter Nejla geboren.

Die Idee ein Buch zu schreiben, war schon lange in ihm präsent, aber erst 2020 kam ihm die Idee mit der ängstlichen Hummel Bärbel. Zusammen mit Sabrina Trox entwichelte sich langsam die Geschichte drumherum.

Ziel dieses Buches soll es sein zu erkennen, dass nicht nur Angst im Kopf entsteht, sondern auch Mut. Genauso sollte man lernen Hilfe anzunehmen, die Freunde anbieten, um die eine oder andere Hürde zu überwinden.

Ende 2020 wurde der Titel dieses Buches geändert, um Verwechslungen mit anderen Büchern zu vermeiden.

Kontakt zum Autor unter

www.heilpraktiker-kamen.de

Zeitfracht Medien GmbH
Ferdinand-Jühlke-Straße 7
99095 Erfurt, Deutschland
produktsicherheit@kolibri360.de